童眼识天下 科普馆

HAI YANG DONG WU

海洋动物

童心○编绘

化学工业出版社

·北京·

编绘人员：

王艳娥　王迎春　康翠苹　崔　颖　王晓楠　姜　茵
李佳兴　丁　雪　李春颖　董维维　陈国锐　寇乾坤
王　冰　张玲玮　盛利强　边　悦　王　岩　李　笪
张云廷　陈宇婧　宋焱煊　赵　航　于冬晴　杨利荣
张　灿　李文达　吴朋超　曲直好　付亚娟　陈雨溪
刘聪俐　陈　楠　滕程伟　高　鹏　虞佳鑫

图书在版编目（CIP）数据

童眼识天下科普馆.海洋动物 / 童心编绘 . —北京：化
学工业出版社，2017.8（2024.11重印）
ISBN 978-7-122-30205-2

Ⅰ.①童… Ⅱ.①童… Ⅲ.①常识课 - 学前教育 -
教学参考资料 Ⅳ.①G613

中国版本图书馆 CIP 数据核字（2017）第 164579 号

项目策划：丁尚林　　　　　　　　　　　　　责任校对：王　静
责任编辑：隋权玲　　　　　　　　　　　　　封面设计：刘丽华

出版发行：化学工业出版社(北京市东城区青年湖南街13号　邮政编码100011)
印　　装：北京宝隆世纪印刷有限公司
889mm×1194mm　1/20　印张4　2024年11月北京第1版第18次印刷

购书咨询：010-64518888　　　　售后服务：010-64518899
网　　址：http://www.cip.com.cn
凡购买本书，如有缺损质量问题，本社销售中心负责调换。

定　　价：19.80元

地球表面超过 70% 的面积是海洋。在遥远的过去，地球上只有海洋，没有陆地，就连最早的生命都是从海洋里诞生的。可以说，海洋是地球生命的摇篮。而现在，广阔无垠的海洋依旧是万千生物的乐园。

经过几亿年的演化与发展，现代的海洋动物和远古时代比起来，不仅种类和数量变得更加丰富、繁多，就连外表也发生了变化。它们有的聪明可爱，有的脾气暴躁，有的身体庞大如山，有的小得用肉眼看不清楚……

怎么样？你是不是觉得海洋世界多姿多彩，十分有趣？哪种海洋动物最讨你的喜欢呢？是威风凛凛的大鲨鱼？还是绚丽多彩的珊瑚？或者是调皮捣蛋的蝠鲼？如果你还想了解更多，那就赶快翻开《海洋动物》一书，和它们一起愉快地玩耍吧！

目录
CONTENTS

42

18

14

64

凶猛的海中霸王——鲨鱼

如果你想知道谁是"海中霸王"，那就一定要来认识一下鲨鱼，它不仅体形庞大，而且性情凶猛，是声名赫赫的"海中狼"！

能替补的牙齿

鲨鱼的牙可了不得，就像一把把锋利的尖刀，能够轻松咬碎食物。不仅如此，鲨鱼还有很多副牙，像屋顶上的瓦片一样，层层排列着，等正在使用的牙齿脱落，它们就会自动上前替补，听起来真是厉害！

不停游啊游

一般的鱼儿都有鱼鳔，可以帮助它们在水中浮潜，但是鲨鱼却没有，它只能靠肝脏里的脂肪来调节浮力，不过，这对身材庞大的鲨鱼来说，似乎不怎么管用，所以鲨鱼只能不停地游来游去，一旦停下来，它就会沉到海底了。

全身都是"牙"

鲨鱼全身都覆盖着一种特殊的鳞片，我们称之为"盾鳞"，它们让鲨鱼的身体非常粗糙，可以称得上是长在皮肤上的"牙齿"。盾鳞可有用了，不仅可以作为武器，还能让鲨鱼游得更快。

敏锐的感官

鲨鱼拥有非常敏锐的感官。它的嗅觉灵敏极了，就算是几千米以外的血腥味，它也能闻得到。更可怕的是，它还能感受到猎物发出的生物电，这么一来，无论猎物躲到什么地方，都没法逃脱鲨鱼的追捕了。

终极海洋杀手——大白鲨

可别以为大白鲨就是白色的，事实上，它只有腹部是淡淡的白色，背部却是深色的，这是它埋伏在水底时最好的伪装。大白鲨是嗜血的猎手，很少空手而归，几乎每次出猎都有斩获。让人庆幸的是，大白鲨并不是贪得无厌的家伙，饱餐一顿之后，它连续几天都不会再捕食了。

双髻鲨：怪模样

　　双髻（jì）鲨的样子有些奇怪：脑袋宽宽的，像一把锤子，也像古代人头上的发髻。不过，双髻鲨刚出生的时候可不是这样，那时候它的头部圆圆的，看着很正常，可是慢慢长大之后，它的头就变成了锤子似的怪模样。

　　双髻鲨的怪模样也有一些好处：它的眼睛长在头的两侧，距离差不多1米远，这样一来，它的视野变得非常广阔，还很有立体感，只要轻轻摇摆一下脑袋，四周的情况都能尽收眼底啦。

游泳健将——金枪鱼

在海洋中，擅长游泳的动物有很多，但是要说谁是真正的游泳健将，那金枪鱼一定当仁不让。

能远游的"鱼雷"

在大海中，金枪鱼就像一枚鱼雷，飞速地游动着。如果只是游得快并没有什么特别，金枪鱼不仅游得快，还游得特别远，它旅行的范围能达到几千千米，也正是因为这样，金枪鱼还被称为"没有国界的鱼类"。

不停游

金枪鱼从早到晚，一刻不停地游动着，即使是在晚上，它也不休息。金枪鱼为什么要这样一刻不停地游动呢？原来，金枪鱼的腮肌已经退化了，它只好一直张着嘴，让水流不断地经过自己的腮部，通过这种方式来获得新鲜的氧气，它一旦停下来，就会因为缺氧而死去。所以，为了能够活下去，金枪鱼只有不知疲倦地一直游下去！

红色的肉

　　一般的鱼肉是白色的，但金枪鱼的肉却是红色的，这是为什么呢？原来，金枪鱼的肌肉中含有一种物质——肌红蛋白，正是大量的肌红蛋白让金枪鱼的鱼肉变成了红色。

两只眼睛长在一边的比目鱼

世界上还有两只眼睛长在同一边的鱼？那也太奇怪了吧！别惊讶，比目鱼就是这样奇特的鱼，想知道它身上的秘密吗？快来瞧瞧吧！

会移动的眼睛

别看比目鱼的模样奇怪，它刚出生的时候却很"正常"，和其他小鱼一样，眼睛长在头的两边。比目鱼长到 20 多天的时候，其中一只眼睛就慢慢向另一只眼睛的方向移动，直到两只眼睛的距离很接近了，才会停下来。

移动的原因

也许你会说，比目鱼的眼睛真是太调皮了，为什么不能老老实实地待在原来的位置上呢？其实，这是进化的结果。比目鱼常常"躺"在海底，这样一来，面向海底的这只眼睛就失去作用了，于是，它就自己移动到上面来，给比目鱼提供更加宽广的视野。

体色变变变

　　比目鱼的本领可真不少，除了眼睛会移动，还会变色呢！如果周围的环境发生了变化，比目鱼也会跟着改变自己身体的颜色来适应，就像陆地上的变色龙一样，所以，它还得到了一个绰号——"水中变色龙"。

能变性的"京剧演员"——小丑鱼

在美丽的热带海洋中，生活着一群小丑鱼。小朋友，可别以为小丑鱼叫这个名字是因为它们长得丑，事实上，它们颜色鲜艳，模样可爱，一点儿也不丑呢。

每条小丑鱼都长着一两条白色的条纹，这让它们看上去和京剧里的丑角很像，所以，小丑鱼才有了这样一个名字。

在小丑鱼家庭中，通常雌性小丑鱼当家做主，而雄性小丑鱼只能乖乖听话。不过，如果当家做主的雌鱼不见了，它的伴侣就会改变性别，让自己变成雌鱼，承担管理家庭的重任。有趣的是，雄性小丑鱼可以变成雌性，但雌性小丑鱼却没办法变成雄性。

一对好朋友

　　小丑鱼有一个好朋友——海葵。海葵会保护小丑鱼，不让它受到一些大鱼的攻击，还会把自己吃剩下的食物分给小丑鱼。作为回报，小丑鱼就自愿当起了清洁工，经常帮海葵清理寄生虫和坏死无用的组织，还会充当诱饵引来海葵的猎物。

黏液保护衣

　　海葵是有毒的，小丑鱼怎么不害怕呢？原来呀，小丑鱼的身上有一层特殊的黏液，能保护它不受伤害。

鲜艳斑斓的蝴蝶鱼

蝴蝶鱼的颜色非常鲜艳，还长着斑斓的花纹，当它在海中游动的时候，就像飞舞的蝴蝶，所以大家就给它起了"蝴蝶鱼"这个名字。

忠诚的伴侣

蝴蝶鱼虽然长得漂亮，但是一点儿也不花心，它可专一了，我们经常能看见蝴蝶鱼成双成对地游来游去。它们总是形影不离，当其中一条鱼"吃饭"时，它的伴侣就会在旁边"放哨"，为它保驾护航。

谁是胆小鬼？

蝴蝶鱼的胆子有点小，一旦感受到风吹草动，就会赶紧躲起来。幸运的是，蝴蝶鱼的身体扁扁的、薄薄的，这让它可以在珊瑚礁或岩石缝中来回穿梭。

假眼睛？真聪明！

　　如果仔细观察，就会发现大多数蝴蝶鱼在靠近尾巴的部位长着一只"眼睛"，蝴蝶鱼的眼睛怎么长在尾巴附近了？这也太奇怪了吧！告诉你吧，那不过是一块黑斑，只是形状看上去和眼睛很像，叫作"伪眼"，可以起到迷惑敌人的作用。

长着猴尾巴的"马"——海马

小朋友们，请大家猜一猜：头像马，身体像虾，眼睛像蜻蜓，尾巴像猴，这是什么海洋动物呢？告诉你吧，答案是海马。

爸爸"生"下我

无论是人，还是动物，大多都是由妈妈把小宝宝生下来的，可是，海马却是个例外。海马妈妈只负责产卵，然后将卵放到海马爸爸的育儿袋里，由海马爸爸将小宝宝孵化出来。当海马宝宝将要出生的时候，海马爸爸会摆动身体，将小海马从育儿袋里喷射出来。所以，小海马是由爸爸"生"出来的！

海马还有一个绝活，那就是"站"着游泳。哇！听起来很厉害！海马是怎么做到的呢？原来，在背鳍和胸鳍的配合摆动下，海马就可以直立着游动起来了，虽然它游动的速度很慢，但看着真是优雅极了。

嘴巴吸吸吸

　　海马嘴巴的形状也很特别，就像吸管一样，这让它捕食的方式也变得与众不同。看，海马能将小鱼、小虾和一些浮游生物统统吸进嘴里，很快就能吃饱。

美丽的武士——狮子鱼

狮子鱼长得可漂亮了，瞧，它的胸鳍和背鳍上长着长长的鳍条和刺棘，看上去和古代人穿的蓑（suō）衣多像啊，也正是因为这样，它还有一个名字，叫作"蓑鲉"。

进攻！

狮子鱼有一个缺点，那就是不善于游泳。但是这一点儿也不影响它捕食。狮子鱼常常躲在珊瑚礁里等着猎物自己送上门。看，它把胸鳍竖起来，并快速地抖动，这是为了吸引猎物的注意，也是发起进攻的号角。当它发现猎物已经被自己迷惑的时候，就会一下子收起所有的鳍，一口将猎物吞进肚子里。

美丽的毒武器

如果要问你狮子鱼身上哪个部分最好看？你一定会回答：它的鳍条和刺棘。没错，事实的确如此，不过你知道吗？那也是狮子鱼的武器呢，鳍条周围分布着毒腺，背鳍上还长着毒刺，毒性可强了。当遇到敌人或猎物的时候，狮子鱼就会用自己的毒刺去攻击对方。

嘿！我可不好惹！

狮子鱼如何保护自己呢？面对危险，它会将鳍条尽可能地张开，让自己看起来很大，还会用鲜艳的颜色向对方发出警戒。假如真的有鱼儿敢把狮子鱼吞进嘴里，那它可就倒霉了，因为狮子鱼浑身都是鳍条，根本咽不下去，只能吐出来，而这样还会让它再次被刺伤。

喜欢恶作剧的"魔鬼鱼"——蝠鲼

哎呀？魔鬼鱼？那一定很可怕！先别害怕，"魔鬼鱼"真正的名字叫作蝠鲼(fèn)，它一点儿也不吓人，只是模样有些奇怪。

"魔鬼鱼"什么样？

蝠鲼的身体又扁又平，还长着肥厚宽大的胸鳍，就像一对翅膀似的，它的尾巴又细又长，有的还长着毒刺呢。最有意思的是，蝠鲼的头上有一对"犄角"，这让它看上去还真有点像"魔鬼"，其实，那是它的头鳍，可以驱赶浮游生物和小鱼，并把食物拨到嘴里。

它们喜调皮

别看蝠鲼叫"魔鬼鱼"，其实它生性温和，只是有些调皮，喜欢恶作剧。它会故意用鳍不停地敲打船底，发出"啪啪"的声音。更让人哭笑不得的是，蝠鲼有时还会拖着一些小船在海中跑来跑去，这可把渔民们吓了一大跳，他们误以为真的是魔鬼在捣乱呢！

呀！"飞"起来了！

　　蝠鲼还会飞呀？其实，那是它的一项绝活儿。在海中，蝠鲼会快速地旋转上游，不仅能跃出水面，还能在海面上滑翔一会儿呢。瞧，它们在空中也不安分，经常会翻筋斗，真是调皮。

海洋之王——鲸

我们常常把鲸叫作"鲸鱼"，但是你知道吗？它其实不是鱼类，而是哺乳动物家族的成员。而且，鲸类当中的蓝鲸还是世界上最大的哺乳动物，被称为"海洋之王"真是一点儿也不为过。

鲸睡着了

嘘！快看，前面的海面上有几头鲸正睡觉呢。它们会选择一个比较安全的地方，聚成一个圈，在一起呼呼大睡。不过，即使睡着了，它们也会很警觉，如果出现了什么可疑的动静，它们会立刻散开。

我最大

作为世界上最大的哺乳动物，鲸可不是浪得虚名，要知道，最大的鲸有 30 多米长，就连最小的也有 10 多米长呢。

我会喷水

　　鲸有一项特别的本领，那就是喷水。它是怎么做到的呢？这还要从鲸的呼吸说起。鲸是哺乳动物，要用肺呼吸，所以它不能一直在水里待着，每隔一段时间，鲸就要来到水面上换气。有趣的是，鲸的鼻孔长在一个很特别的位置——头顶上，它向外呼气的时候，喷出来的空气会带着附近的海水一起飞到空中，形成一道水柱。

长处和短处

　　鲸并不是完美的动物，它的眼睛长得特别小，而且它还是近视眼。不过，作为补偿，它的听觉非常敏锐，更神奇的是鲸还能感受超声波呢。

王者中的王者——虎鲸

　　谁是海洋中最凶猛的猎手？答案一定是虎鲸，它不仅拥有超群的战斗力，还非常聪明，举个例子来说，它会假装死亡——肚皮向上，一动不动地浮在水面上。当猎物放松警惕，慢慢接近的时候，虎鲸会忽然翻过身来，把猎物吃掉。

　　虎鲸还会集体狩猎，超声波在这个时候可帮了它们大忙，虎鲸能够靠这个法宝相互沟通，然后合力将猎物拿下。

"潜水冠军"——抹香鲸

　　海洋中有那么多动物，为什么说抹香鲸是"潜水冠军"呢？这是因为它不仅潜水的深度是最深的，潜水时间也是最久的。不过这位潜水冠军模样有些怪怪的，用一个词来形容，那就是"头大尾小"，像一个大大的蝌蚪似的。

　　抹香鲸最喜欢的食物就是乌贼，但是，它却没法消化乌贼的鹦嘴，慢慢地，在抹香鲸的肠道里形成了一种物质，我们叫它"龙涎香"，那可是一种珍贵的香料！

聪明友善的海豚

如果要问你，海洋动物中谁最聪明？我想你一定第一个就想到海豚，没错，海豚可是有着"海中智叟"的称号呢。

海豚，你好！

海豚的脑袋和尾巴细，身体的中间部分粗，看着是不是和纺锤很像？这种身材可不赖，能把水中的阻力减到最小，让海豚成为不折不扣的游泳达人。海豚的呼吸孔长在头顶上，这样的构造能让呼吸变得更加方便、顺畅。

回声定位好厉害！

海豚的额头是鼓起来的，我们把这个位置叫作"额隆"，这里是它进行回声定位的关键部位。在回声定位的帮助下，就算是再黑暗的环境，海豚也能将猎物的信息"看"得清清楚楚。

跳起来了！

海豚很顽皮，就算是在游泳的时候，它也能玩出新花样——一边跳跃一边游泳。瞧，它时不时就从水面跳跃起来，有时还会在空中转体，真不愧是海上的体操高手啊！

团结的大集体

我们经常能看见一群海豚在一起畅游，那是一群集体生活的伙伴，它们之间可团结了，就算有了矛盾，它们也很快就会和好。当同伴感到不舒服，或者受伤的时候，海豚不会轻易放弃它，而是会从两侧架着虚弱的同伴一起游。

温顺的大胃王——海狮

海狮？是海洋中的狮子吗？当然不是！海狮是海洋哺乳动物，和陆地上的狮子一样，海狮也是大胃王，它大部分时间在海里捕食，以满足自己的好胃口。

居无定所的"流浪汉"

海狮没有固定的生活地点，每天为了寻找食物而四处巡游。它白天在海中捕食，偶尔会爬到岸上晒太阳，晚上则在岸上睡觉。

聪明的舞台"明星"

我们经常能在水族馆看到海狮的身影，小朋友们都很喜欢它们。海狮本来就是很灵活的动物，后腿能够向前弯曲，可以灵活地行走，还能像小狗一样蹲在地上，再加上它们非常聪明，经过训练，可以学会很多技艺。

胃口真不小

海狮可是名副其实的大胃王，乌贼、磷虾和各种鱼类都是海狮眼中的美味，贪吃的它们连企鹅都不会放过。一只成年海狮一天就能吃掉80～120千克的食物呢，你一定会很感叹：海狮的胃口也太好了！

巨大的 "水中除草机" ——海牛

海牛和陆地上的牛一点儿也不像，反而和大象有着千丝万缕的联系，这是怎么回事呀？一起来寻找答案吧！

我特别爱吃草

海牛和牛唯一的共同点大概就是都爱吃草了，不过海牛吃的是水草，它胃口还不小呢。一头海牛每天可以吃大约 50 千克水草，相当于它体重的 10%，这也太惊人啦！海牛吃水草时，就像卷地毯似的，没一会儿，一大片水草就全都进到海牛的肚子里去啦！难怪它会有"水中除草机"的称号呢。

和大象是亲戚！

　　海牛和牛没什么关系，和大象倒是很有渊源，它们还是亲戚呢。在很久很久以前，海牛也是在陆地上生活的，后来，自然环境发生了很大的变化，海牛为了生存下去就来到了大海里，样子也改变了很多。不过，你看，海牛那庞大的身躯、又粗糙又厚的皮肤，不是和大象很像吗？

我的鼻孔上有"盖子"

　　想知道海牛是怎么呼吸的吗？这就要说说它鼻孔上的"盖子"。当海牛需要呼吸的时候，就会仰起脑袋，将鼻孔露出水面，"盖子"打开，等海牛吸入了新鲜的空气，"盖子"又会轻轻关上，就像一扇灵活的门一样。

爱 "打扮" 的潜水能手——海獭

唷，快瞧我们在水里发现了一群什么动物？它们的脑袋小小的，身体却圆滚滚的，长得真是可爱极了。它们的名字叫海獭（tǎ），想和它们做朋友吗？那就先了解一下这些可爱的小家伙吧！

海獭很爱美？

海獭不仅长得可爱，而且还很爱"打扮"呢！它每天都要花费很长时间来梳理皮毛、舔擦身体，不过小朋友们可不要误会海獭，它这样做绝不是因为爱美，而是为了保护自己。原来，海獭没有厚厚的皮下脂肪，只能靠皮毛保暖，假如皮毛很乱或是沾上了脏东西，那就没法保暖了，可怜的海獭会被冻死的。

小身材，大胃口

别看海獭的个头不大，它的胃口可不小，堪称是地球上最能吃的动物之一，一天就能吃掉相当于它体重三分之一的海鲜，可真是名副其实的"大胃王"呀！

会用工具

海獭很聪明，还会使用工具呢。它要吃螃蟹时，会平躺在水面上，把自己的肚皮当餐桌，用找来的石头砸螃蟹，把壳砸破后，它就能享用美味了。

慢吞吞的潜水能手

海獭可以称得上是海洋的资深居民，它一生中的大部分时间都在水中度过，有时悠闲地躺在水面上，有时去海里觅食。水獭游泳的速度很慢，每小时只能游10～15千米。不过，它却有另外一项本领，那就是潜水。它经常在3～10米的浅海潜水，偶尔也会出现在50米深的海底。

能够再生的"过滤器"——海绵

海绵生活在海洋中，而且身体软绵绵的，所以我们把它们叫作海绵。海绵是一个大家族，各个成员千姿百态，绚丽多彩，想知道它们都有什么神奇的本领吗？一起来看看就知道了！

神奇的再生能力

海绵有一项最厉害的本事——再生。就算是被撕成小块，海绵也能慢慢恢复原状，成为一个完整的新海绵，真是让人惊叹的超能力！

出水口

进水口

过滤，过滤

海绵的身体上有很多小洞，这可都是它的"嘴巴"，有它们在，海绵才不会挨饿。海水从这些小洞流进海绵的体内，海绵会把混合在其中的浮游生物作为自己的食物，还能顺便获得一些氧气。海绵品尝过美味之后，会把海水和食物残渣从身体上面的出水口排出去，怪不得海绵有"过滤器"的称号呢。

不会动的动物

在很久很久以前，人们都以为海绵是一种植物，因为它没有手，没有脚，也不能动，只能附着在岩石或其他动物的身上，后来人们才知道，海绵也是动物，只不过它的身体结构太简单而已。

温顺的"硬骨头"

别看海绵的身体很柔软，它的骨骼却很坚硬，这让敌人们感到很头疼，因为海绵真是个难以下咽的"硬骨头"。不过，贝类、虾、蟹和蠕虫这些小伙伴们却都非常喜欢海绵，因为海绵性格温顺，不会主动攻击别的生物。

胆小的海中"仙人球"——海胆

想知道海胆什么样吗？其实，它就和我们常常看到的仙人球差不多，穿着一件坚硬的外衣，浑身都是刺，有人还给它起了一个名字——"海中刺客"。

胆小的海胆

尽管浑身都有刺的保护，但是海胆的胆子可小了。如果遇到敌人，它的第一反应不是勇敢迎战，而是立刻逃跑。

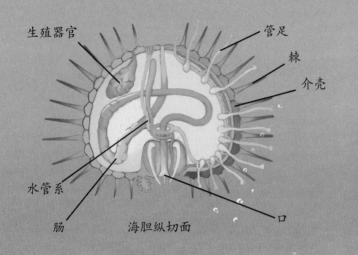

生殖器官

管足

棘

介壳

水管系

肠

海胆纵切面

口

海胆怎么动？

海胆要怎么移动呢？这全靠它的管足和身上的棘刺：管足会抓紧岩石，而在底下的小棘刺会帮着把海胆的身体抬起来，就这样，在它们的合力帮助下，海胆终于慢悠悠地运动起来啦！当海胆不小心翻过去的时候，管足和棘刺还能帮它翻正过来，本事可真不小！不过，海胆可是懒惰的家伙，如果不是感到饥饿，它是不会随便移动的。

多功能的棘刺

千万别小看海胆这一身的刺，没有它们，海胆不仅会寸步难行，生活的其他方面也会变得很不方便。要知道，棘刺（jí cì）不仅能够帮助海胆移动，还能清洁外壳、挖掘泥沙，更重要的是，当被迫要和敌人作战的时候，这一身刺可以作为非常有用的武器哟！

漂亮的海中之伞——水母

    水母是海洋动物中的"大美人"，它轻盈、空灵，还会发光呢！不过可别被它的美貌迷惑，水母可是很危险的杀手！

嗨！我会发光！

    你知道水母为什么能发光吗？告诉你吧，这要归功于它体内含有的一种神奇物质，那是一种能够发光的蛋白质，正是它让水母发出了光芒。而且，这种蛋白质越多，水母能发出的光芒就越强烈！

美丽背后的危险

水母真是太美了，它轻盈地漂浮着，发出梦幻的光芒，真让人沉醉呀！看，很多海洋生物也被吸引过来了。然而，这对它们来说，却是一个错误的决定，因为水母那长长的触手可厉害了，是非常可怕的武器，能轻松让猎物丧命。

古老又短暂的美

水母是非常古老的动物，早在恐龙之前，它就已经活跃在地球上了，不过可惜的是，它的寿命很短，平均只能活几个月，而有的水母更加不幸，寿命只有几个星期。

美丽的海中"百合"——海百合

海百合长得真漂亮，就像是在大海中绽放的一朵百合花。不过，海百合可不是植物，而是一种棘皮动物。

走近海百合

仔细观察一下海百合吧，你一定会有很多新的发现：原来，海百合还长着一个柄，就像是植物的茎一样，在这个柄上长着一片片"叶子"，那其实是海百合的腕足。

捕食很简单

　　海百合没办法移动，它怎么捕食呢？腕足在这个时候就派上大用场了，当海百合将腕足高高举起，海水会将一些浮游生物送到它的嘴里，等到吃饱了肚子，海百合就会将腕足收起来了。

顽强的生命力

　　海百合不能移动，因此会有鱼群来"欺负"它。不过，别担心，海百合可坚强了，即使被咬断了柄，它也会顽强地生存下去。

海中"繁花"——珊瑚

海底有个大花园，这里充满了斑斓的色彩，多种多样的生物寄居其中，这个花园最重要的部分就是美丽的海底之花——珊瑚。

珊瑚是怎么出现的?

珊瑚有着复杂的形态，而且色彩缤纷，堪称海洋中的艺术品。但是你知道吗? 我们能欣赏到这海底之花的美丽，还要感谢一种低等动物，它的名字叫珊瑚虫，珊瑚正是由珊瑚虫及其分泌物和骨骼化石堆砌而成的。珊瑚虫很小，就像一粒米粒，经过漫长的不断积累，我们才能看见这奇妙的珊瑚。

无声的捕食

你一定想不到，珊瑚竟然是食肉动物！很多浮游生物、鱼类和贝类都是它的猎物。只不过，珊瑚的捕食过程非常安静，几乎在毫无感觉的情况下，猎物就被无声无息地吃掉了。

我的好伙伴

珊瑚虫非常热情好客，它的好伙伴可不少，其中和珊瑚虫关系最亲密的就要数虫黄藻了。要知道，每立方毫米的珊瑚组织里，就生活着 30000 多个虫黄藻呢，看来它们的关系的确很好。为什么它们能成为好伙伴呢？原来呀，珊瑚虫能为虫黄藻提供二氧化碳和养分，而虫黄藻也很乐于助人，它会在进行光合作用时，给珊瑚虫补充营养。

脑珊瑚

顾名思义，脑珊瑚长得有点像人类的大脑，这种形状能帮它承受海浪的冲击。脑珊瑚由很多种颜色混杂在一起，看起来特别极了！

鹿角珊瑚

鹿角珊瑚的外形特别像鹿角，它也因此而得名。值得一提的是，鹿角珊瑚可是一个庞大的队伍，它是珊瑚家族中兄弟姐妹最多的种类哟。

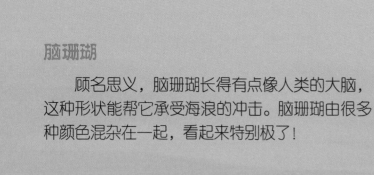

章鱼足珊瑚

章鱼足珊瑚特别美丽，长得很像海葵。它属于石珊瑚，还长着非常坚硬的骨骼呢。

气泡珊瑚

白天，气泡珊瑚就像气泡一样晶莹剔透，它能够扩张和膨胀。气泡珊瑚非常热爱阳光，因为它在"变身"的过程中需要充足的光照。

会捕食的"毒花"——海葵

大海里也有"葵花"？当然不是，海葵可不是植物，而是一种美丽又危险的动物。听起来是不是很有趣呀？一起来看看吧！

会移动的海中"葵花"

海葵经常附着在珊瑚礁或者岩石上，它可神奇了：触手一般都是6条或是6的倍数排成环形，而且内圈的触手比外圈的触手要长不少，这些触手都很有用，上面有刺细胞，是捕猎和抵御外敌的好帮手。瞧，每当这些触手随着水流摆动的时候，多像一株株盛开的向日葵呀！

用毒高手

看着海葵美丽的模样，你可能想不到，它还是隐藏的用毒高手呢，从刺细胞里分泌的海葵毒素可是很厉害的，一般的猎物都难以逃脱海葵的"毒手"。

我有好朋友

海葵和寄居蟹是一对好朋友，在海底世界里，寄居蟹会背着海葵一起旅行。这样的组合有很多好处：首先，海葵有毒的触手是很有威慑力的武器，可以保护寄居蟹；其次，海葵本身的移动非常缓慢，很容易被细沙、生物残骸和它自己的排泄物埋没，但是，假如有寄居蟹背着它，就不用担心这些问题啦！

凶猛的捕食达人——海星

大海里也有星星吗？瞧，那就是"海中的星星"，我们把它叫作海星。海星的颜色很鲜艳，比天上的星星还要漂亮呢！不仅如此，它还有很多的特别之处……

能再生！

海星有一个最厉害的绝招，那就是再生！当海星的身体受到损伤的时候，我们完全不用担心，因为用不了多长时间，它的身体就能复原。举个例子来说吧，当海星的腕足被敌人弄断之后，它很快就能长出一只新的腕足，更神奇的是，就连断掉的那一截腕足也能长成一个新海星，真是太厉害了！

我也有"眼睛"

　　小朋友们，你们一定会感到很好奇，海星的眼睛长在哪里？我们怎么看不到啊！其实，海星的"眼睛"就是长在腕足上的感受器，这些感受器就像眼睛一样，能够感知光线，还能帮海星"看"到食物的位置呢。

其实，我很凶猛

　　别看海星看起来乖乖的，其实它可是非常凶猛、贪婪的猎手。平时海星总是慢悠悠的，但是一遇到猎物，它就会大变样。快看，一只海星发现了一个贝壳，它立刻敏捷地行动起来，紧紧抓住贝壳，让它无法挣脱，然后用吸盘将贝壳的硬壳撬开，将里面的肉吃得干干净净。

51

一身小肉刺的海参

海参不会游泳，它长着一身小肉刺，只能靠蠕动来移动身体，那速度可真够慢的，竟然都追不上蜗牛！

我们要夏眠

很多动物有冬眠的习惯，但是，海参非常特别，它竟然要夏眠！这是怎么回事呀？原来这和食物有关。冬天，海底的浮游生物很多，那都是海参的美食，这时它忙着享受美味，哪有时间休眠呀？可是到了夏天就不一样了，海面阳光充沛，浮游生物都跑到海水上层去了，食物没了，海参没有办法，只有到岩礁的缝隙或者岩石下面去睡大觉，它这一觉能睡到秋天呢。

如此逃生？

海参是海洋中的"逃生专家"。当海参遇到强敌，它会将自己的内脏排泄出来，然后利用漂浮的内脏来诱惑敌人，并趁机逃脱。你一定很担心，没有了内脏，海参该怎么办呀？别担心，海参的新内脏很快就能长出来。

　　海参还有一个本领：会依据周围的环境，改变自己身体的颜色。在海藻丛附近安家的海参是绿色的；而在泥沙附近生长的海参，就会变成带斑点的黄色；生活在岩礁附近的海参则大多是黑色、褐色的。

八只"手"的智多星——章鱼

海洋中奇怪的动物可真不少，哎呀，那是什么？它的脑袋特别大，还长着八只"手"！别惊讶，它的名字叫章鱼，虽然样子有些怪，但是它可聪明了。

好大的脑袋！

亲眼见到章鱼的话，你一定会感叹：它的脑袋也太大了吧！其实，这是因为章鱼的胃、心脏和其他器官都长在那里，要容纳这么多器官，不长那么大的脑袋怎么行呢？

名不虚传的"智多星"

章鱼作为"智多星"，那可不是随便说说。它能够认出镜子中的自己，还能够走出科学家专门设计的迷宫。不仅如此，假如把一个带有瓶盖的食品罐给它，章鱼竟然能自己用触手将瓶盖打开，然后顺利地吃到食物，真是太聪明了！

"八手怪"

章鱼还有一个奇怪的特征，那就是长着八条触手，每条触手上都有许多吸盘，在捕猎的时候能够牢牢地抓住对方。除此之外，章鱼走路也离不开触手的帮忙。而最有意思的是，触手还能充当站岗的"卫兵"，当章鱼入睡的时候，会有一两条触手保持清醒，假如你不小心碰到它们，章鱼马上就会醒过来！

会喷墨的游泳高手——乌贼

小朋友们，你们见过乌贼吗？它还有一个名字，叫作墨鱼。乌贼和章鱼是亲戚，但是长得却很不一样。

我也叫墨鱼

乌贼为什么还叫墨鱼呢？这是因为它会喷墨！乌贼有一个墨囊，里面有很多黑黑的墨汁。千万别小看这些墨汁，当敌人出现的时候，乌贼就会射出墨汁，海水一下子就会变得漆黑，敌人的视线变得非常模糊，还会受到一定的麻痹，乌贼就会借着"烟幕弹"悄悄开溜。不过，这个方法也不是百发百中，像海豚和抹香鲸就会闯过去，继续追击乌贼。

不能写字的墨汁

乌贼喷出来的墨汁黑黑的，和我们写字用的墨汁很像，那乌贼喷的墨能写字吗？很遗憾，答案是"不可以"。这是因为乌贼墨汁的主要成分是黑色素，写在纸上很模糊，时间一久，还会消失呢。

变色达人

乌贼可是当之无愧的变色达人，这个本领让它躲过了很多敌人的追捕。变色的绝技要感谢乌贼体内数百万个色素细胞，在这些小家伙的帮助下，乌贼能够迅速地改变自己的形态和颜色，在你眨眼的一瞬间，它就变了模样，真神奇！

长着"兔耳朵"的海兔

在神秘的大海中有这样一种动物，它的耳朵也能竖起来，还和小兔子一样可爱，这是谁呢？告诉你吧，它的名字叫作海兔。

没有壳的海贝

海兔看起来像小兔子，但其实它是海贝家族的成员，只是它的外壳已经退化了，所以海兔是没有壳的海贝。

吃什么像什么

海兔可是有名的变色能手，它吃什么颜色的海藻，身体就会变成什么颜色，所以海兔到了一个新环境，就会拼命吃这里的海藻，这不是贪吃，而是为了快点融入新环境，躲避危险。

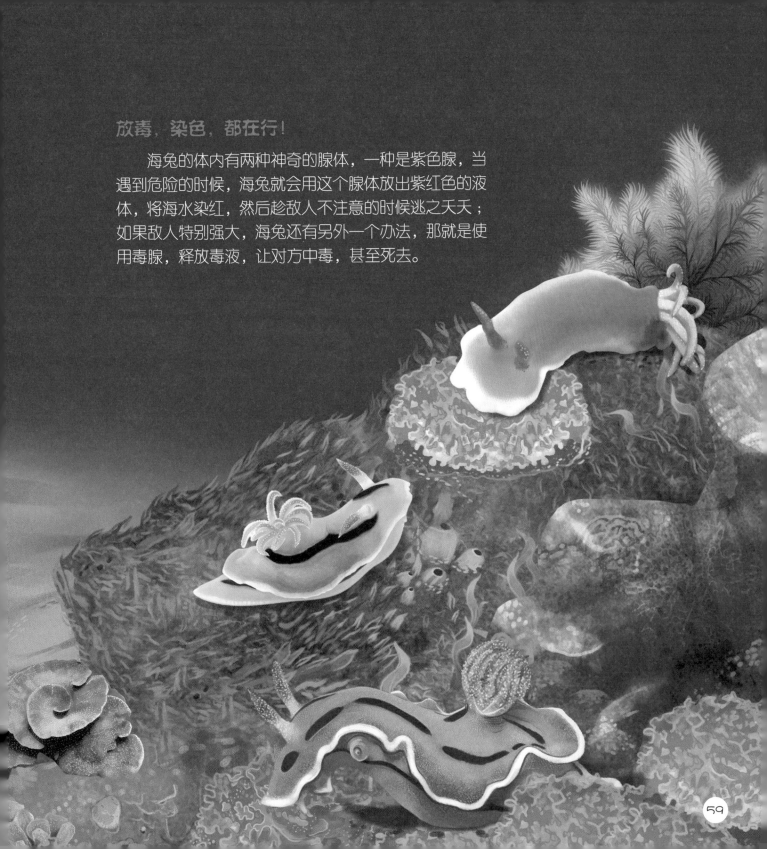

放毒，染色，都在行！

　　海兔的体内有两种神奇的腺体，一种是紫色腺，当遇到危险的时候，海兔就会用这个腺体放出紫红色的液体，将海水染红，然后趁敌人不注意的时候逃之夭夭；如果敌人特别强大，海兔还有另外一个办法，那就是使用毒腺，释放毒液，让对方中毒，甚至死去。

好斗的"虾中之王"——龙虾

我们都知道，大海中有很多虾，但是谁是"虾中之王"呢？恐怕只有龙虾符合条件了，因为它可是虾类中个头最大的成员。

不断换"新衣"

龙虾一生要换很多件"新衣"，其实就是换壳。在它出生的第一年，就要换 10 次壳，就这样，在不断地换壳中，龙虾慢慢长大。很神奇的是，假如之前龙虾曾经受伤，伤口也会在下一次换壳的时候再生。

走！我们去旅行！

秋天来了，又到了龙虾集体迁徙的季节，有趣的是，它们还有固定的队形呢：龙虾们会老老实实地排成一列，一路上还会不断有新的成员加入，最后队伍越来越庞大，就像一只出征的龙虾军队一样。龙虾为什么要排队行进呢？原来，这样做可以减少水的阻力，不仅节省力气，还能提高速度，龙虾还真聪明呢！

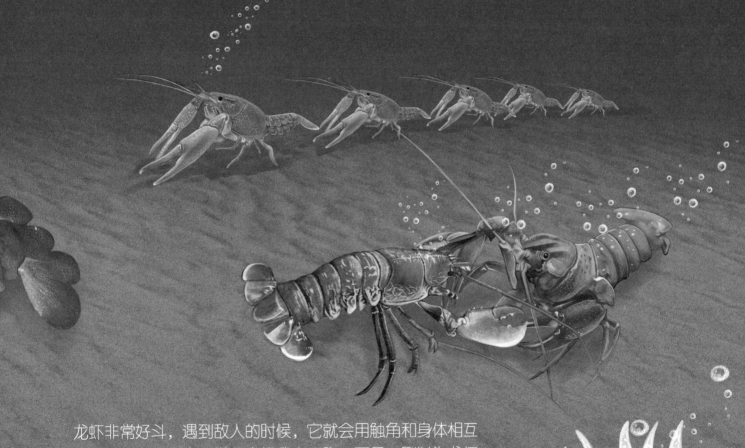

龙虾非常好斗，遇到敌人的时候，它就会用触角和身体相互摩擦，发出尖锐的声音，借此来把敌人吓跑。可是，别以为龙虾是威武的勇士，它其实是胆小鬼，遇到真正强大的敌人时，它就会灰溜溜地离开。

观潮专家招潮蟹

有这样一种螃蟹，涨潮时，它经常挥舞着一只大螯，就像是在和潮水打招呼，这种螃蟹的名字叫作招潮蟹。招潮蟹是一种很有意思的动物，快来和它打个招呼吧！

我也叫琴师蟹

如果你见到了雄性招潮蟹，肯定一眼就能把它认出来，因为它的特征太明显了：一对螯很不对称。一只螯特别大，像个大盾牌似的横在胸前；另一只螯却很小，就跟没有发育好一样。另外，它看上去很像演奏小提琴的琴师，正因如此，招潮蟹还有一个名字，叫琴师蟹。

有用的螯

招潮蟹挥舞大螯可不是因为它热情，而是有更重要的作用：当自己的地盘受到侵犯，招潮蟹就会摇动大螯向入侵者发出警告，假如投入战斗，大螯也是重要的武器；不仅如此，大螯还能帮它找到伴侣，招潮蟹会不断用大螯敲击地面来吸引异性。大螯很有用，小螯也毫不逊色，淤泥表面的小颗粒食物就要靠小螯刮下来，然后送到招潮蟹的嘴里。

潮水来了！不用怕！

招潮蟹住在海滩上的洞穴里，比较有趣的是，它的洞穴上面都有一个"小盖子"，就像是一扇门。当潮水来袭时，招潮蟹会钻到洞穴里躲起来，把盖子盖上，直到潮水退去。

长寿善游的海龟

谁是海洋中的老寿星？那一定非海龟莫属，要知道，最长寿的海龟能活到150多岁呢。还想知道更多关于海龟的知识吗？我们一起来探秘吧。

没有牙齿？没关系！

海龟没有牙齿，但是它的嘴却像鹰一样锐利，可以将螃蟹、水母等食物全部磨碎，就连珊瑚缝隙中的小虾和乌贼，它也能轻易找到并吃掉。更厉害的是，有些海龟的食道里还长着锋利的尖刺，这些尖刺让猎物无法挣脱。

游泳是我的强项

在大家的印象中，龟肯定是慢吞吞的，你一定不知道海龟竟然是游泳健将吧？事实上，它的游泳速度可比人类快多了。

我和陆龟不一样

海龟和陆龟虽然都是龟类家族的成员，但是，它们长得可不太一样。为了适应大海中的生活，海龟的四肢已经变得像船桨，这让它能够自由地游来游去。还有一点，陆龟可以将头和四肢缩进龟壳里，躲避危险，但是，海龟可就做不到了，当危险降临，它只能勇敢迎敌！

沙滩产卵的秘密

海龟生活在大海里，可是一到繁殖的季节，海龟妈妈就要爬到岸上，把卵产在沙滩上。这是为什么呢？原来海龟没有鳃，在水里没法呼吸，假如在海里出生，小海龟就会被淹死；而且，海水的温度太低了，没法让蛋孵化，所以，小海龟们总是在沙滩上出生，然后再回到大海的怀抱。

小海龟出生了！

海龟妈妈会在沙滩上挖一个洞穴，然后把蛋产在里面，这些蛋就像乒乓球那么大，太阳的光和热会将它们孵化。可惜的是，海龟妈妈不会亲眼看到自己的孩子出生，把蛋产下后，它们就回到海里去了。经过 2～3 个月，海龟宝宝才会破壳而出呢。

想要长大不容易

小海龟刚出生就要接受挑战：它们要成群地爬回大海，但是在这个过程中，海鸟、蜥蜴、幽灵蟹都会向它们发起攻击。最后，只有少数的小海龟能爬回大海，据说，每次海龟妈妈都能产下几百枚卵，但真正能孵化并平安长大的小海龟非常少。

优雅的漂浮者——鹦鹉螺

在暴风雨过后，风平浪静的夜晚，鹦鹉螺就会浮游到海面，把身体舒展开来，享受着海浪和海风，由此人们把它称为"优雅的漂浮者"。

独特的鹦鹉螺

鹦鹉螺的样子非常漂亮，白色的壳面上，有一条条红褐色的火焰状斑纹。鹦鹉螺不仅有漂亮的外壳，还有非常有趣的内部构造。鹦鹉螺内部分成了一个个由小到大的隔间，像是旋转楼梯一样。这样的构造让鹦鹉螺可以自由地漂浮起来。

夜里才出来

鹦鹉螺是个"隐士"，白天它待在海洋深处，用触手握住海底岩石，在上面休息。夜幕降临，鹦鹉螺才会上升到海面。难怪很少有人见过它的庐山真面目。

与章鱼是同类？

你相信吗？美丽的鹦鹉螺其实并不属于海螺，它与章鱼、乌贼才是同类。不过，在漫长的演化历史中，章鱼和乌贼的壳消失了，变成了现在这般模样，唯独鹦鹉螺的模样演化到现在仍然没有多大变化。

来自远古时期的活化石——鲎

鲎（hòu）又叫马蹄蟹，不过它可不是螃蟹，实际上它与蝎子、蜘蛛、三叶虫是亲戚。鲎的祖先生活在古生代的泥盆纪，神奇的是，经过4亿多年的进化，鲎的模样一直没有太大改变。

长尾巴

鲎被称作马蹄蟹，它全身披着坚硬的盔甲，样子还真像一个马蹄。不过不同的是，它有一根细长的尾巴，像一把剑一样，这是鲎用来防卫的武器。

海底鸳鸯

外表丑丑的鲎有一个好听的外号：海底鸳鸯。因为海里的鲎都是成双成对的，每只雌鲎的背上都驮着一只比它瘦小的雄鲎，即便被捉到，夫妻俩都紧紧拥在一起。

蓝色血液

　　鲎最与众不同之处不是它的外形，而是它的血液。鲎的血液是蓝色的，这似乎只有在科幻小说中才会出现。原来,血液之所以是红色,是因为血液细胞中含有血红蛋白，但鲎的血液中只有血蓝蛋白，因此它的血液是蓝色的。

剧毒杀手——海蛇

在众多海洋动物中，海蛇不是体形最大的成员，但要说起谁是最危险的，那海蛇可就能数一数二了。

藏起来的猎手

海蛇生活在海洋中，海里的鱼类是它最喜欢的食物。比起主动去寻找食物，海蛇更喜欢食物自己送上门来。海蛇常常安静地躲在洞里或暗礁的缝里，鱼儿只要一游到跟前，它便上去一口咬住，用毒液杀死猎物，然后再慢慢享用。

来自天空的天敌

海蛇有不少天敌。就拿海雕来说吧，每当海蛇来到海面换气的时候，它就会瞅准时机，飞快地从空中俯冲下来，向海蛇发动攻击，衔起一条海蛇就飞回高空。不过，想要降服海蛇可没那么容易，假如海鹰没有牢牢控制住海蛇，那么还有可能被反咬一口。除了海鹰，其他一些吃肉的海鸟也是海蛇的天敌。

海蛇的毒液属于剧毒，就连一向号称是"毒王"的眼镜蛇也要甘拜下风。奇怪的是，被海蛇咬后是不会感觉到疼的，有时候甚至3个小时过去了，都没有中毒的反应，尽管如此，可千万不能大意，因为这个时候海蛇的毒液已经悄悄潜入人的体内啦。不过，别担心，海蛇一般不会主动攻击人类。

海港清洁工——银鸥

提起大型海鸥，人们首先会想到银鸥。在距离陆地较近的海岸地区，我们经常可以看到它的身影。每年冬季到来，银鸥也会像候鸟一样到温暖的地方过冬。

"海岸路标"

银鸥喜欢在近海飞行和捕食，很多出海的渔民喜欢把银鸥当作"海岸路标"，因为看到银鸥也就意味着离海岸不远了。银鸥活泼好动，只要群体中有一只银鸥低空滑行近水捕食，那么它的伙伴们也会纷纷紧随其后，上演一场别开生面的花样戏水。

海滨"清道夫"

　　银鸥不挑食，鱼类、无脊椎动物、小型鸟类、腐肉以及人类抛弃的垃圾都是银鸥的食物。它经常跟随来往船舶拣拾遗弃物，帮助消化那些"残羹剩饭"，因此被称为勤劳的"海滨清道夫"。

长翼的海上天使——漂泊信天翁

漂泊信天翁是信天翁中的"公主"，与其他同类相比，它的羽毛是最白的。美丽的外形，出色的滑行技巧，都为漂泊信天翁增添了很多奇幻的色彩。

滑翔水天间

漂泊信天翁是众多鸟类中翼展最长的一种鸟。巨大的翼展赋予了它神奇的力量，与生俱来的滑翔天赋足以让它翱翔在海天之间。据统计，漂泊信天翁每下降 1 米就可以滑翔 22 米之远。不过，没有风时，漂泊信天翁就会漂浮在海面上，因为笨重的身体让它们很难飞起来。

求爱有绝招

漂泊信天翁只有在求偶时才会唱起歌来，"咕咕"的歌声既悦耳又动听。除此之外，它还会向自己倾慕的爱人不停地弯腰鞠躬，非常绅士。为了吸引对方的视线，漂泊信天翁喜欢把喙伸到空中，向对方展示优美的曲线，好像在说："看！我的身姿多么矫健！"

相守到白头

漂泊信天翁有着近乎苛刻的择偶条件。4岁左右，它就能独自飞回故乡，开始寻找自己的配偶。确定恋爱关系以后，双方会考察对方长达一两年的时间，然后正式"结婚"。一旦婚配，双方就会终生相伴，矢志不渝。

海上导航仪——鲣鸟

当你在茫茫大海中失去方向时，如果能遇到鲣鸟的话，那就是再幸运不过的事了，因为只要跟随在鲣鸟后面，你就可以安全地返回海岛。因此，渔民们也把鲣鸟称为"导航鸟"。

鲣鸟有时笨笨的

别看鲣鸟在海上非常灵敏，但它在陆地和树枝上就显得有些笨拙了。倘若掉在地面上，鲣鸟就需要费很大的劲儿扇动翅膀才能慢慢起飞。另外，因为它见到人时会很温顺，很容易被人抓住，因此就得了一个不好听的名字——笨鸟。

"跳水" 捕鱼

鲣鸟的翅膀狭长，非常适合在海面上飞行，发达的脚蹼让它可以在水中畅游无阻。它经常翱翔在海洋上空，寻找水中游动的鱼群，一旦发现目标，它就迅速收缩翅膀，笔直地俯冲入水，迅速地捕捉到食物，身手非常矫健。

有趣的结婚仪式

鲣鸟的"婚礼"非常有趣，雄鸟和雌鸟会面对面地张开翅膀，不停地摇头，然后用鸟嘴相互对擦，彼此梳理羽毛。这些步骤完成后，它们就会一起昂起头，将鸟嘴指向天空，发出打鼾（hān）一般的声音，似乎宣告着"婚礼"的完成。

牡蛎爱好者——蛎鹬

蛎鹬是爱尔兰的国鸟，它长着长长的嘴巴，最喜欢的食物就是牡蛎，这从它的名字中就能看出来。

漂亮的鸟儿

蛎鹬的身上披着黑白相间或全黑的羽毛，它长长的嘴巴通常是亮眼的红色或橘红色，短粗的脚是可爱的粉色，鲜明的颜色对比，让人过目难忘。

海边觅食

蛎鹬经常在海边觅食，它最喜欢的食物是牡蛎、蚌等贝类。发现食物后，蛎鹬会用它长而有力的嘴将贝类的硬壳撬开，享用里面柔软的贝肉。